Clever Reich werden und reich bleiben Die 30 besten Tipps

Geld sparen

Finanziell frei werden und mehr Geld haben

©2018, Chris Reichel
2. Auflage
Alle Rechte vorbehalten.
Kein Teil aus diesem Buch darf in irgendeiner Form ohne Genehmigung des Autors reproduziert werden

Inhaltsverzeichnis

Einleitung	5
Geld sparen und reich werden	8
Tipp 1: Lösen Sie sich von der Armutseinstellung	11
Tipp 2: Weiterbilden zum Thema Geld	18
Warum sollten Sie anfangen, etwas über Geld zu lernen:	22
Tipp 3: Bilden Sie strategische Beziehungen	23
Warum Sie strategische Beziehungen eingehen müssen:	26
Tipp 4: Erkennen und ergreifen Sie Chancen	27
Warum Sie lernen müssen, Chancen zu erkennen und zu maximieren:	32
Tipp 5: Risiken eingehen!	34
Warum Sie Risiken eingehen sollten:	36
Tipp 6: Verdienen Sie mehr Geld!	37
Warum Sie mehr Geld verdienen sollten:	40
Tipp 7: Investieren	41
Warum Sie investieren müssen:	44
Tipp 8: Planen und Sparen	45
Warum sollten Sie planen und sparen:	48
Tipp 9: Erfinden	49
Warum Sie erfinden sollten:	51
Tipp 10: Spezialisieren	52
Warum sollten Sie sich spezialisieren:	54

Tipp 11: Nutzen Sie Rabattangebote 56
Warum sollten Sie auf Rabatte warten, bevor Sie kaufen? 57

Tipp 12: Leben Sie unter Ihren Mitteln 59
Warum sollten Sie unter Ihren Mitteln leben? 62

Tipp 13: Leben Sie schuldenfrei 63
Warum sollten Sie Ihre Schulden ausgleichen? 65

Tipp 14: Arbeiten Sie immer mit einem Budget 67
Warum sollten Sie immer mit einem 69
Budget arbeiten: 69

Tipp 15: Niemals alles auf einmal ausgeben 70
Warum Sie nicht alles auf einmal ausgeben sollten: 72

Tipp 16: Kaufen Sie, was Sie brauchen,

nicht was Sie wollen 74
Warum Sie kaufen müssen was Sie brauchen und nicht was
Sie wollen: 74

Tipp 17: Halten Sie Ihre Rechnungen klein 76
Warum sollten Sie Ihre Rechnungen klein halten: 78

Tipp 18: Verwenden Sie kostenlose Anrufdienste 79
Warum Sie kostenlose Anrufdienste verwenden sollten: 80

Tipp 19: Kaufen Sie in großen Mengen 81
Warum sollten Sie in großen Mengen kaufen: 83

Tipp 20: Abonnieren Sie keine unnötigen Dinge 84
Warum sollten Sie keine unnötigen Dinge abonnieren: 86

Tipp 21: Investieren Sie in sich 87
Warum Sie in sich investieren sollten: 88

Tipp 22: Stoppen Sie nutzlose Käufe! 89
    Warum sollten Sie Ihren Wunsch nutzloses zu kaufen stoppen: 89

Tipp 23: Unnötige Lieferkosten vermeiden 90
    Warum Sie aufhören sollten, unnötige Lieferkosten zu produzieren: 90

Tipp 24: Hören Sie auf auswärts zu essen: Iss zu Hause 92
    Warum sollten Sie aufhören auswärts zu essen? 94

Tipp 25: Verwenden Sie ein Sparschwein 95
    Warum sollten Sie ein Sparschwein verwenden: 97

Tipp 26: Starten Sie Ihr eigenes Geschäft 98
    Warum Sie Ihr eigenes Geschäft gründen sollten: 100

Tipp 27: Sie sollten versuchen einen besseren Job zu bekommen 101
    Warum Sie versuchen sollten einen besseren Job zu bekommen: 103

Tipp 28: Erhöhen Sie Ihre Vermögenswerte und reduzieren Sie Ihre Verbindlichkeiten 104
    Warum sollten Sie in Vermögenswerte investieren: 105

Tipp 29: Verwenden Sie Banken mit höheren Zinssätzen 106
    Warum sollten Sie Banken mit höheren Zinssätzen verwenden: 107

Tipp 30: Verschwendung von Ressourcen vermeiden 108
    Warum sollten Sie Ressourcenverschwendung vermeiden: 108

Schlusswort 109

Einleitung

Ob es Ihnen gefällt oder nicht, die finanzielle Stabilität - oder besser gesagt, die finanzielle Freiheit - ist das Endziel einer Mehrheit der Menschen auf der Erde. Jeder möchte frei sein, um die Wege seiner Leidenschaften und Interessen uneingeschränkt zu erkunden. Jeder möchte Kontrolle über seine Ergebnisse und Umstände haben. Dieser Wunsch nach Kontrolle liegt unseren Entscheidungen und Handlungen zugrunde.

Wenn Sie dieses Buch lesen, sind Sie hier richtig, weil Sie reich sein wollen und der Grund, warum Sie reich sein wollen, ist, frei zu sein, selbstständig, hemmungslos und die Kontrolle über Ihre Lebensumstände zu haben. Sie sind hier, weil Sie sich Freiheit und Flexibilität wünschen, die Reichtum bietet, da Sie wahrscheinlich erkannt haben, dass der Mangel an Geld stark genug ist, um Ihre Träume, Bestrebungen und Interessen in den Griff zu bekommen.

Man muss eine Menge über Reichtum lernen und dieses Buch ist ein großer Schritt in diese Richtung. Ich habe eine Liste praktikabler Tipps zusammengestellt, wie Sie Geld sparen und dabei reich werden können.

Diese Tipps sind im Wesentlichen gute Gründe, warum Sie bestimmte Entscheidungen treffen und in bestimmten Mustern denken sollten.

Durchleuchten Sie kritisch Ihren Verstand und werden Sie jeden negativen Gedanken los. "Impossible" existiert nur im Terrain der Neinsager und Pessimisten.

Wenn Sie denken, dass Sie kein Gewinnertyp oder Leistungsträger sind, ist es an der Zeit, Ihren Geist neu zu programmieren, damit sich dieses Buch positiv auf Sie auswirkt.

Ich möchte Sie ermutigen, unvoreingenommen zu lesen, wenn Sie mehr als nur ein oder zwei Dinge lernen wollen.

Geld sparen und reich werden

Was passiert, wenn Sie jeden Tag Geld sparen? Es gibt Ihnen die finanzielle Stärke, an einigen anderen Tagen Ausgaben zu haben oder Investitionen tätigen zu können. In der Tat kann Geld sparen Ihnen helfen, reich zu werden.

Wir alle wollen reich sein. In der Tat müssten wir alle reich sein. Unsere Träume und Bestrebungen brauchen Geld, um sie zur Erfüllung zu bringen. Wir brauchen Geld, um gute Häuser zu bauen, gute Autos und Häuser zu kaufen, gute Ehepartner zu heiraten. Unseren Kinder ein sorgenfreies Leben zu ermöglichen und unsere Rechnungen zu bezahlen.

Obwohl die wirtschaftliche Rezession allen Menschen Schaden zugefügt hat, scheint es einige Menschen zu geben, die nicht von der Krise betroffen zu sein scheinen. Im selben Land, innerhalb desselben Zeitrahmens und unter den gleichen Regierungs- und Wirtschaftsbedingungen, während einige nach Not schreien, kaufen einige wohlhabende Wenige, die offensichtlich von keiner Krise betroffen sind, Immobilien und leben das Leben in vollen Zügen und während einige Kredite aufgenommen haben und andere Hypotheken am Laufen haben, finanzieren sich einige Andere durch das Chaos und werden sogar reicher! Man würde sich wundern, was das Geheimnis ist.

Nun, es gibt nicht nur ein Geheimnis, sondern viele und wir haben ziemlich viele davon zusammengestellt. Sie werden gültige Regeln für Geld und seine Operationen sehen und lernen. Sie werden auch lernen, dass das Geld wirklich fließen kann und dass Ihr Vermögen als eine Funktion Ihrer Fähigkeit definiert wird, Reichtum anzuziehen und zu behalten, wenn es dazu kommt.

Also, hier sind sie. Im Folgenden sind die besten praktikablen Tipps aufgeführt, um reich zu werden. Beachten Sie, dass der Erfolg dieser Tipps in Ihren Finanzen von der Besonderheit Ihrer finanziellen Situation sowie von Ihrer Geduld und Konsequenz bei der Anwendung abhängt. Keiner bietet eine relativ schnelle Lösung; Mit der Zeit ernten Sie jedoch reichlich Belohnungen.

Tipp 1: Lösen Sie sich von der Armutseinstellung

"Ein Mann ist nur so groß wie seine Gedanken."
Anonymus

Es gibt ein Sprichwort, das besagt, dass du niemals größer sein wirst als das, was du denkst. Ich habe herausgefunden, dass das wahr ist. Diejenigen, die heute reich sind, sind aus vier Hauptgründen wohlhabend: erstens, ihre Denkweise. Eine wohlhabende Denkweise geht der Manifestation des Reichtums voraus.

Eine von Armut geprägte Denkweise und ein wohlhabendes Ergebnis passen nicht gut zusammen: keines kann zum anderen führen, noch können beide positiv miteinander assoziiert werden. Die anderen drei Faktoren, die wir später in diesem Buch ausführlich betrachten werden, sind das Wissen über den Reichtum, ihre Beziehungen und ihre Handlungen.

Die Denkweise ist der mächtigste dieser drei Faktoren. Wenn Sie eine Mentalität haben, die nach Armut riecht, sind die Chancen, dass Sie jemals reich werden, extrem gering, tatsächlich fast nicht existent. Mit solch einer Denkweise, selbst wenn es Möglichkeiten für finanzielle Freiheit und Emanzipation von finanzieller Knechtschaft gibt, sind Sie entweder nicht in der Lage, Sie für das zu erkennen, was sie sind, oder sie schaffen es, sie zu erkennen, aber letztendlich nicht zu maximieren.

Wenn ein Armer plötzlich merkt, dass ein alter anonymer Ahnherr von ihm eine Schatztruhe im Wert von mehreren Millionen Dollar hinterlässt, denkt fast jeder daran, wie glücklich der Bettler ist. Wenn er jedoch die Mentalität eines Armen beibehält, besteht die Möglichkeit, dass er das gesamte ihm zustehende Geld ausgibt und schließlich in seinen armseligen Zustand zurückkehrt.

In diesem Fall war sein falscher Umgang mit Reichtum nicht notwendigerweise durch finanzielle Verschwendung oder Missmanagement von Ressourcen oder schlechte Ratschläge verursacht, sondern durch eine falsche Denkweise.

Setzen Sie einen wilden Affen in eine Exekutivkammer und servieren Sie Käse, feines Brot, gebratenen Truthahn, feinen französischen Wein und Rosinen.

Was würde am wahrscheinlichsten passieren? Sie würden sicherlich zustimmen, dass er das Essen entweder nicht essen wird, oder er wird ein riesiges Durcheinander von dem so feinem Essen machen.

Bringt man jedoch dschungelfrische Bananen und verschiedene Früchte kann man davon ausgehen, dass er üppig schlemmt und alles verschlingt.

Was die Entscheidung des Affen bestimmte, solch gutes Essen abzulehnen und lokale Nahrung zu akzeptieren, ist nicht unbedingt ein genetisches Problem oder seine vegetarische Rezeptur, sondern seine Einstellung.

Ich würde wetten, dass Sie in der Lage sein würden, den Affen dazu zu bringen, das gute Essen zu essen, wenn Sie irgendwie einen Weg finden könnten, seine Einstellung zu verändern, um dafür empfänglich zu werden!

Diese Analogie gilt perfekt für den Reichtum. Reichtum beginnt von innen, bevor es jemals herauskommt! Wohlhabende Menschen sehen zuerst ihren Reichtum in sich, bevor sie ihn berühren können. Wo auch immer Sie im Leben sind, wenn Sie reich oder wohlhabend werden wollen, müssen Sie beginnen, den Kampf in Ihrem Kopf zu führen. Beruhigen Sie alle Befürchtungen, um reich zu werden. Stimmen Sie mit Ihnen selbst überein, dass Sie als Mensch auch reich sein können und wollen. Seien Sie ehrlich zu Ihnen selbst und bezwingen Sie jede armutsbezogene Mentalität oder Verhalten.

Wenn Sie wohlhabend werden wollen, müssen Sie anfangen zu denken, dass es möglich ist. Sie müssen auch anfangen zu denken, wie es wohlhabende Personen tun.

Reiche Leute denken nicht ständig an Rechnungen und Unzulänglichkeiten.

Sie denken über Wertschöpfung, Chancen und Beziehungen nach.

Sie sehen Möglichkeiten, wo andere Probleme

sehen. Sie sehen Überfluss dort, wo andere Mangel sehen. Sie haben die Möglichkeit, problematische Themen und Situationen mit neuen, wohlstandsbezogenen Perspektiven zu konfrontieren. Es ist keine Raketenwissenschaft; also können auch Sie diese Fähigkeit entwickeln.

Warum Sie die Armutseinstellung loswerden sollten:

1. Sie sind nur so groß und erfolgreich wie Ihre Gedanken.

2. Reichtum reagiert auf eine reiche Mentalität.

3. Reichtum wird nicht zu Ihnen finden, wenn Sie keine aufgeschlossene Mentalität haben.

4. Wenn Sie reich werden wollen, lösen Sie sich von der Armutsmentalität, denken Sie reich, denken Sie an Reichtum und werden Sie es schließlich.

Tipp 2: Weiterbilden zum Thema Geld

"Wenn der Zweck (das wahre Wissen über, ein grundlegendes Verständnis seines Aufbaus und seiner betrieblichen Tendenzen) einer Sache nicht bekannt ist, ist Missbrauch unvermeidlich."

Anonymus

Wenn Sie nicht wissen, was Geld ist und warum es überhaupt existiert, werden Sie nie reich werden. Wenn Sie nicht wissen, wie Geld funktioniert und welche Gesetze die Funktionsweise von Geld auf unserem Planeten steuern, wird Reichtum niemals aus Ihren Träumen in die Realität übertragen werden.

Denken Sie daran, dass die goldene Regel des Geldmachens darin besteht, dass Geld gemacht, verwaltet und vervielfältigt werden muss. Dies ist der Punkt, an dem sich viele Menschen geirrt haben und das ist der Punkt, an dem die meisten wohlhabenden Menschen mit einer wohlhabenden Mentalität es richtig machen.

Die Kenntnis des vollen Ausmaßes dieser Regel ist für ein Leben des Reichtums essentiell. Wenn Sie also reich werden wollen, müssen Sie sich bemühen, jedes verfügbare Wissen über Geld, das Sie finden können, in die Hände zu bekommen.

Zwei weitere wichtige Dinge, die Sie unter anderem über Geld verstehen müssen, sind:

Geld fließt
1. Das Geheimnis des Reichtums ist "Money Retention" (Geldzurückhaltung)
2. Die erste Wahrheit über Geld ist, dass es dynamisch, und seine Dynamik kann durch einen beständigen Werteaustausch reguliert werden.

Geld fließt. Der Grund, warum manche Menschen so viel Geld haben und andere kaum etwas haben, ist das zugrunde liegende Prinzip, das die Schaffung von Wert und die Dynamik von Geld verbindet. Geld ist wie ein Strom von Wasser. Es fließt durch Risse und Spalten und manchmal überflutet es Straßen und füllt Schlaglöcher.

Nun, haben Sie darüber nachgedacht, warum fließendes Wasser einfach über Felsen und andere glatte Oberflächen herüber fließt, während es die Lücken und Risse füllt? Selbst wenn der Regen vorbei ist, sind die Straßen trocken, aber Wasser - stagnierendes Wasser - kann noch in diesen Rissen übrig bleiben? Der einfache Grund dafür ist, dass diese Risse mehr Kapazität haben, Wasser zu halten, während Felsen und glatte Straßen dies nicht haben.

Wohlhabende Menschen haben die Fähigkeit, Geld zu behalten, während arme Menschen dies oft nicht können. Wenn Sie reich werden wollen, müssen Sie verstehen, dass ein mächtiges Geheimnis des Reichtums darin besteht, die Kunst der Schaffung und Erhaltung von Reichtum zu meistern.

Geld sammelt, wo der Wert ansässig ist. Wenn Sie den Kreislauf der Schaffung von nachhaltigem Wert stoppen, wird der Geldfluss zu Ihnen entweder umgeleitet oder ganz gekürzt. Denken Sie darüber nach, wie Sie nachhaltigen Wert schaffen können und beobachten Sie, wie sich die Ströme vor Ihrer Haustür zu Ihnen leiten.

Warum sollten Sie anfangen, etwas über Geld zu lernen:

1. Je mehr Sie über ein Thema wissen, desto besser sind Ihre Ergebnisse und Entscheidungen zu diesem Thema.

2. Je mehr Sie über Geld wissen, desto besser werden Sie wissen, wie Sie Geld verdienen, Geld verwalten, Geld behalten und Geld vervielfältigen können. Mit diesem Wissen wird Ihre Reise zu Reichtum und Wohlstand einen Quantensprung machen.

Tipp 3: Bilden Sie strategische Beziehungen

"Du bist, wen du kennst."

Anonymous

Das oben erwähnte alte anonyme Sprichwort gilt insbesondere in Geldangelegenheiten. Da erwartet werden kann, dass Vögel mit den gleichen Federn sich zusammenscharen, tun dies auch reiche Menschen.

Die meisten wohlhabenden Leute haben ein Netzwerk von reichen Freunden, die sie pflegen und der einzige Grund, warum reiche Leute mit armen Leuten in Verbindung kommen, ist meistens philanthropische Übungen - und selbst solche Interaktionen haben sorgfältig bewachte Grenzen. Reiche Leute denken in Werte.

Sie denken in Potenzial. Sie denken in Exzellenz. Sie denken über Möglichkeiten nach. Sie denken in Imperien! Sie denken futuristisch! Sie machen Projektionen! Arme Menschen sehen oft nicht über ihre Nase hinweg und kümmern sich wahrscheinlich nur um ihre nächste Mahlzeit oder die Stromrechnung, die sie aufbringen müssen.

Sie sind nur so reich wie Ihr Netzwerk. In der Tat haben Forschungsberichte gezeigt, dass das Lebensergebnis einer Person, eine Funktion der fünf ihnen am nächsten stehenden Personen ist. In diesem Fall bedeutet das, dass Sie nur so reich sind wie die fünf Ihnen am nächsten stehenden Personen.

Das heißt, Ihr Vermögen ist der Durchschnitt der fünf engsten Mitglieder Ihres inneren Kreises. Wenn Sie reich werden wollen, müssen Sie sich bewusst mit reichen Köpfen umgeben, nicht unbedingt mit reichen Menschen. Wenn Sie reichen Menschen näher kommen können, gut, aber gehen Sie zuerst auf reiche Köpfe zu, weil sie fast immer zu reichen Menschen werden, da Sie die richtige Einstellung haben.

Seien Sie mit Menschen zusammen, die Sie inspirieren können und die Sie auch inspirieren können, um Ihre Ziele zu erreichen. Scannen Sie sich durch Ihre aktuelle Sammlung von Freunden und werden Sie ermutigt, jede Person zu eliminieren, die Ihrem Leben keinen nennenswerten Wert hinzufügt. Reichtum ist nicht emotional, noch ist es sentimental. Auf der anderen Seite sollten Sie auch anfangen, daran zu arbeiten, ein wertvoller Mensch zu werden. Arbeiten Sie daran, eine Person des Einflusses zu werden. Werden Sie eine Autorität in Ihrem Bereich, auch wenn Sie noch nicht das Geld dafür haben. Es ist nur eine Frage der Zeit!

Warum Sie strategische Beziehungen eingehen müssen:

Es ist empirisch (erfahrungsgemäß) bewiesen, dass der Ausgang eines Menschen eine Funktion seines Unternehmens und seiner Wissensbasis ist. Beide Faktoren ergeben sich aus der Art der Beziehungen, die Sie pflegen. Ein Mann kann nicht bei Riesen bleiben, essen, was Riesen essen, zu Orten gehen, wo Riesen hingehen und dasselbe tun, was Riesen tun und sich als Zwerg herausstellen. Es ist eine zu große Abweichung.

Um reich zu werden, verlassen Sie den Ort, an dem Sie sich geistig befinden und bringen Sie Sich in Richtung reiche Gedanken. Sie helfen Ihnen, Chancen zu erkennen und Sie können auch Ihre Kompetenzen und Netzwerke nutzen, um Ihre Chancen zu maximieren.

Tipp 4: Erkennen und ergreifen Sie Chancen

"Es ist eine Sache, Chancen zu erkennen, wenn sie kommen und es ist ein weiteres, diese Möglichkeiten zu maximieren."
Anonymus

Große Dinge kommen in kleinen Paketen, sagen die Leute. Unabhängig von dieser Normierung wissen wohlhabende Menschen genau, wie sie durch die Verpackung sehen müssen, um die wahre Natur des Inhalts des Materials, das vor ihnen liegt, zu entziffern. Große Gelegenheiten kommen oft klein, wie eine flackernde Flamme am Rande eines großen Feuers.

Arme Menschen sehen oft nicht das große Ganze, während wohlhabende Menschen, meist das enorme Potenzial sehen.

Wenn Sie reich sein wollen, müssen Sie lernen, Chancen zu erkennen und zu maximieren. Das Leben wirft oft Gelegenheiten auf uns. Unser Problem ist, dass wir denken, dass sie nicht logisch genug sind, um gut zu sein.

Es gibt eine Geschichte von einem Mann, der ein 2-Hektar-Feld für 7.000 € gekauft hat. Es war buchstäblich ein Geschenk, als der ehemalige Besitzer aufgehört hatte, eine Verwendung dafür zu haben, nachdem die Ernten, die er auf ihnen gepflanzt hatte, erkrankten und schließlich ganz aufhörten zu gedeihen.

Der Kerl, der es gekauft hatte, war fasziniert von der Geschichte hinter dem Feld und beschloss, es zu diesem Spottpreis zu kaufen, während er darüber nachdachte, was man auf dem Feld machen könnte.

Nun, obwohl die Leute anfangs versuchten, ihn

davon abzuhalten, es zu kaufen und es als
Geldverschwendung ansahen, kümmerte es ihn
nicht, denn etwas in seinem Bauch sagte ihm, dass
es mehr auf dem Feld gäbe, als dem Auge auffiel.

Hier ist der Haken: Wohlhabende Menschen folgen ihren Instinkten

Also kaufte der Mann das Feld, errichtete einen großen Zaun und stellte jemanden ein, der es sechs Monate lang beobachtete. Eines Tages ging er auf das Feld, um eine Tour zu machen. Er gelangte in einen Teil des Landes, wo ein saurer Gestank herrschte und er verfolgte den Geruch zu einem Loch in der Nähe.

Dort angekommen, fand er eine klebrige schwarze Flüssigkeit in einer Art Brunnen oder Graben. Er rief den Kerl an, der ihm das Feld verkaufte und dieser gab zu, es zu wissen und sagte sogar, dass die schwarze Flüssigkeit der Grund für sein Problem mit seinen Ernten sei und dass das Land dort verflucht sei. Immer noch neugierig und von seinen Instinkten gedrängt, rief der Mann Umweltspezialisten in die Szene, und nach Tests und einer Reihe von Untersuchungen wurde festgestellt, dass das Feld eine reiche Erdöllagerstätte hatte!

Auf lange Sicht verpachtete der Mann das Feld an eine Ölexplorationsfirma und er erhielt jährlich mehrere Millionen Euro.

Was machte nun den Unterschied für den Mann? Seine Fähigkeit, eine Gelegenheit zu sehen, wo andere Menschen Abfall und Nichts sahen! Dies ist eine Eigenschaft, die wohlhabende Menschen haben.

Natürlich passiert so etwas nicht jedem mit der

richtigen Einstellung, aber sinngemäß muss man manchmal einfach machen, bevor man nichts macht. Von nichts kommt nichts.

Warum Sie lernen müssen, Chancen zu erkennen und zu maximieren:

Der Unterschied zwischen reichen und armen Menschen läuft oft auf eine Sache hinaus: PERSPEKTIVE.

Es ist nicht genug, eine Chance zu erkennen. Wenn Sie genau das tun, ohne das richtige System anzuwenden, um die Chancen zu maximieren, werden Sie nie reich werden. Denken Sie über Reichtum nach, bis sich der Reichtum in Ihrem Unterbewusstsein wiederfindet.

Wenn dies geschieht, werden Ihre Instinkte ein besserer Richtungsweiser für Sie.
Lernen Sie, zwischen guten Ratschlägen und sicheren Ratschlägen zu filtern.

Sicherheit ist kein Wort, das man sehr oft auf den

Lippen reicher Individuen findet. Guter Rat hilft Ihnen dabei, zu erkennen und zu maximieren, während sichere Ratschläge Ihnen helfen, sie zu erkennen. Sie geben Ihnen jedoch Gründe, warum Sie einen Rückzieher in Betracht ziehen sollten, sowie einen Überblick über die Gründe, warum Sie scheitern könnten.

Tipp 5: Risiken eingehen!

Der Prozess, reich zu werden, setzt Sie oft Gefahren und einigen Unsicherheiten aus. Auf lange Sicht jedoch, wenn Sie schließlich reich werden, können Sie zurückblicken und sehen, dass Ihre Entscheidung, diese Risiken einzugehen, sich gelohnt hat. Ihre Fähigkeit, reich zu werden, kann durch Ihre Risikobereitschaft bestimmt werden - Ihre Neigung, sich in unerforschte Territorien zu wagen, bewaffnet mit nichts als Ihrem Instinkt.

Wohlhabende Menschen gehen Risiken ein. Damit verdienen sie ihren Lebensunterhalt. Wenn Sie sich auf Ihre Sicherheit und keinen Stress beschränkt haben, sind Ihre Chancen, reich zu werden, praktisch nicht existent. Sie müssen in die "Wildnis" treten und nötige Schritte unternehmen. Nun, das ist kein Aufruf für Sie, einfach auf jeden vielversprechenden Wagen aufzuspringen, der an

Ihrer Einfahrt hält. Nein, Sie können auch mutig und risikofreudig sein, ohne dumm zu sein. Sie sollten nicht jedes Risiko, das vor Ihnen auftaucht auch nehmen. Wenn Sie alle Risiken eingehen, werden Sie vielleicht reich, aber Sie können Ihren Reichtum schnell wieder verlieren.

Es gibt eine Art, um Risiken zu nehmen. Sie werden "kalkulierte Risiken" genannt. Kalkulierte Risiken sind die Arten von Risiken, die Ihnen eine Vorstellung von dem möglichen Ergebnis geben können, das heißt, wenn Sie sie kritisch betrachten können.

Die meisten kalkulierten Risiken funktionieren gut, weil man jede erdenkliche Eventualität geplant hat.

Allerdings können sich die Dinge schnell ändern und man kann alles verlieren, daher ist es am besten, sich auf alle möglichen Ereignisse vorzubereiten, einschließlich des Worst-Case-Szenarios, sodass Sie nichts überraschen kann.

Warum Sie Risiken eingehen sollten:

Im Reich des Reichtums gibt es keinen Hafen. Sogar die Reichen stehen ständig auf ihren Zehen und suchen nach der nächsten verfügbaren Sprosse der Reichtumsleiter, um nach oben zu klettern. Wenn Sie reich werden wollen, müssen Sie Ihre Ängste ablegen und der Realität ins Auge sehen.

Tipp 6: Verdienen Sie mehr Geld!

Das klingt seltsam, oder? Ich würde wetten, dass es so ist. Die einfache Wahrheit ist jedoch, dass Sie auf der gleichen Höhe des Einkommens nicht reich werden können, wenn Sie die gleichen Ausgaben haben - die mit der Zeit noch zunehmen werden. Wenn Sie reich werden wollen, müssen Sie einen guten Weg finden, um Ihr Einkommen zu steigern.

Auch wenn nichts ernsthaft über Ihre Ausgaben unternommen werden kann, sind Sie immer noch auf dem richtigen Weg, wenn Sie mehr Geld verdienen können, während die Ausgaben konstant bleiben.

Ein sicherer Weg, um mehr Geld zu verdienen, ist Ihre Einkommensströme zu erhöhen.

Einfach ausgedrückt, sollten Sie mehrere Einkommensströme entwickeln und erforschen.

Einen Einkommensstrom zu haben ist gefährlich, weil ein Fehler oder ein ökonomisches Missgeschick Sie in den Ruin treiben kann. Wie heisst es doch so schön: *man sollte nicht alle Eier in ein Nest legen.*

Es ist so: Sagen wir, Sie besitzen einen großen Lebensmittelladen und dieser Laden stellt Ihren einzigen Strom von Einkommen bis jetzt dar.

Ihre drei Kinder bekommen ihre Kleidung und alles was dazu gehört von Ihrem Erlös im Laden bezahlt, Sie zahlen Ihre Hausmiete und Stromrechnungen von dem, was Sie als Gewinn erhalten und Sie zahlen auch Ihre Mitarbeiter von Ihrem Gewinn. Betrachten Sie das jetzt so, wenn etwas mit dem Geschäft passiert, was passiert dann mit Ihnen?

Wenn der Laden durch Feuer verbrannt wird,

sind Sie buchstäblich auch verbrannt, nämlich
finanziell.

Viele haben schon wegen solcher Missgeschicke
Selbstmord begangen und wir können den Grund
dafür zumindest nachvollziehen.

Eine Möglichkeit, mehrere Einkommensströme zu
generieren, besteht darin, auf Ihre inhärenten und
erworbenen Kompetenzen einzugehen. Finden Sie
heraus, wo Ihre Leidenschaft liegt und welche
Talente oder Interessen Sie haben und suchen Sie,
wie Sie sie gegen Geld zu einem Service machen
können, den Sie anbieten können, oder zu einem
Produkt, das Sie anbieten können. Sobald Sie
beginnen, bleiben Sie konsequent und Sie können
sicher sein, eine beträchtliche Menge an Geld zu
verdienen.

Der Schlüssel zur Maximierung Ihrer
Einnahmequellen ist die Verwaltung und
Konsistenz. Geschickte Verwaltung bringt das

Beste hervor, was die Unternehmung (en) produzieren kann, während Konsistenz dafür sorgt, dass der Zustrom von Einkommen nicht aufhört. Auf diese Weise können Sie im Laufe der Zeit finanziell stabil und schließlich reich werden.

Warum Sie mehr Geld verdienen sollten:

Es ist einfach. Je mehr Geld man verdient, desto mehr Geld kann man sparen und desto mehr Geld hat man zur Verfügung, um seine Träume und Hoffnungen zu finanzieren. Einige reiche Leute haben nur einen massiven Einkommensstrom, der in ihren Sektoren ziemlich eigen ist. Es ist jedoch erwähnenswert, dass die meisten wohlhabenden Menschen mehrere Einkommensströme haben, die ihnen eine Form der finanziellen Sicherheit garantieren.

Tipp 7: Investieren

Dies ist unsere erste Wahl für Tipps, wie Sie reich werden können. Statt Ihr gesamtes Geld auf einem Konto für regnerische Tage aufzubewahren, können Sie etwas Geld nehmen und es für Sie arbeiten lassen. Ja, Sie können Ihr Geld für Sich arbeiten lassen und der Weg ist, durch strategische Investitionen. Investition ist wie Landwirtschaft, Sie säen einen Samen, gießen ihn und pflegen ihn, lassen ihn für einige Zeit stehen und kommen dann während der Erntezeit für eine reiche Ernte zurück.

Sprechen Sie mit einem guten Finanzberater, um Sie über mögliche Anlageoptionen zu beraten und wie viel Sie investieren können oder sollten, damit Sie nicht einfach Geld wegwerfen. Der beste Teil der Investition kann mit einem sehr kleinen Geldbetrag gemacht werden. Sie müssen die Bank nicht unbedingt ausrauben, um eine Investition zu tätigen. Eine weitere gute Sache bei Investitionen ist, dass es nahezu unzählige Investitionsoptionen gibt, die jetzt in der sich schnell entwickelnden Welt von heute verfügbar sind. Sobald Sie also etwas zur Hand haben, mit dem Sie investieren können, werden Sie sicherlich etwas finden, in das Sie investieren können, das Ihrem Budget entspricht.

Investitionen haben ihre eigenen Risiken. Daher ist es ratsam, dass Sie die möglichen Tendenzen vollständig abschätzen, bevor Sie Ihre endgültige Anlageentscheidung treffen, damit Sie die Dinge nicht überraschen, wenn Sie Ihr Geld schließlich investiert haben.

In der heutigen Geschäftswelt hat sich die Risikobereitschaft von gewöhnlichen Risiken zu kalkulierten Risiken entwickelt. Über fünfzig Prozent der wohlhabendsten Menschen der Welt wurden heute reich, indem sie clever investierten.

Bereiche, in die Sie heute investieren können und die im Laufe der Zeit beachtliche Renditen erwarten, sind Immobilien, Öl und Gas, Banken und Telekommunikation. Auf Anraten eines professionellen Finanzberaters können Sie auch Aktien, Anleihen kaufen und in Aktien investieren.

Nun, dies sind nicht unbedingt schnell-reich-Schemen, wo Sie einfach Ihr Geld investieren und erwarten, dass das System es über Nacht multipliziert, jedoch mit dem richtigen Wissen, Geduld, Wachsamkeit und der richtigen Einstellung und Ansatz, werden Sie sicher eine reiche Ernte haben, im Laufe der Zeit.

Wie die meisten Obstbäume, Früchte während ihrer gesamten Lebensdauer tragen, zahlen die meisten Investitionen die Erträge für das Leben!

Warum Sie investieren müssen:

Investitionen sind eine der sichersten Möglichkeiten, passives Einkommen zu verdienen. Wenn Sie investieren, können Sie verdienen, während Sie schlafen. 90% der reichsten Menschen der Welt haben massive Investitionen, die sich über mehrere Sektoren erstrecken und dies hält den Geldfluss in ihrer Richtung aufrecht. Wenn Sie reich werden wollen, müssen Sie lernen, zu investieren.

Tipp 8: Planen und Sparen

Dies ist auch sehr wichtig, um Geld zu verdienen und reich zu bleiben. Wohlhabende Menschen sind nicht wohlhabend, nur weil sie Pauschalbeträge als Gehälter verdienen oder dass sich ihre Investitionen sehr oft auszahlen, aber weil sie ihre Finanzen planen und ein guter Teil dieser Planung betrifft Einsparungen. Finanzexperten empfehlen oft, dass Sie einen bestimmten Prozentsatz Ihres gesamten Einkommens außer Reichweite halten.

Das heißt, sparen Sie nicht so, dass das Abrufen des gesparten Geldes einfacher ist, als es zu verdienen.

In einigen Entwicklungsländern setzen persönliche Finanzberater die idealen prozentualen Einsparungen auf 30% des Einkommens.

Das bedeutet, dass all Ihre Ausgaben und Investitionen und jede Verpflichtung, die Sie erfüllen sollten, im Rahmen der verbleibenden 70% Ihrer Einnahmen angemessen berücksichtigt werden.

In einer Welt mit immer größer werdenden Problemen, Unsicherheiten und wirtschaftlichen Herausforderungen ist das Beste, was man für sich selbst tun kann, eine Art "Deckung" gegen regnerische Tage zu haben. Investitionen können zusammenbrechen, Unternehmen können scheitern, Arbeitsplätze können verloren gehen, aber Einsparungen haben immer Ihren Rückhalt.

Wenn Sie reich werden wollen, müssen Sie anfangen zu sparen!

Betrachten Sie dieses Szenario, um die Sparsamkeit zu verstehen. Nehmen wir an, Sie sind heute 28 Jahre alt, verdienen etwa 2.500 Euro pro Monat und haben sich entschieden, monatlich 30% zu sparen. Wenn Sie bei diesem Job bleiben, ohne eine Lohnerhöhung, bis Sie fünfzig sind, hätten Sie 198.000 Euro gespart!

Nun, das ist das Worst-Case-Szenario: Diese Zahl könnte wesentlich höher sein, wenn Sie befördert werden und / oder eine Lohnerhöhung erhalten oder wenn Sie den Job gegen einen mit einem höheren Gehalt geändert haben. Also, im Alter von fünfzig Jahren, anstatt einen Kredit aufzunehmen oder Ihr Haus oder Eigentum zu verkaufen, um Ihre Kinder zu ernähren oder eine Immobilie zu kaufen oder eine Investition zu tätigen, haben Sie sicheres Geld, um sich darauf zu stützen.

Dasselbe gilt, wenn Sie sich plötzlich von Ihrem Job zurückziehen:

Sie können sich auf Ihre Ersparnisse stützen, während Sie sich selbst ausprobieren, ob Sie sich entscheiden, einen neuen Job zu bekommen oder ein neues Unternehmen zu gründen. So oder so Sie erleiden keinen finanziellen Schock und das Leben geht ununterbrochen weiter.

Warum sollten Sie planen und sparen:

Planung bringt Gesundheit in Ihre Finanzen, während Einsparungen Ordnung und Struktur bringen.

Tipp 9: Erfinden

"Vorhersehbar zu sein ist langweilig; unberechenbar zu sein, ist mächtig. "

Anonymus

Diejenigen, die nicht erfinden, werden schließlich vom Aussterben bedroht. Reichtum ist direkt proportional zur Relevanz und Sie sind nur relevant, wenn Sie einen Wert bereitstellen, der einem aktuellen situativen, staatlichen oder gesellschaftlichen Bedürfnis entspricht: und der einzige Weg, aktuelle Bedürfnisse zu erfüllen, ist auf dem neuesten Stand zu bleiben und der einzige Weg, um auf dem Laufenden zu bleiben, ist weiter zu erfinden.

Einfach erfinden bedeutet neue Dinge zu tun oder neue Lösungen zu bringen, die alte oder bestehende Probleme lösen. Die Leute werden nicht müde von Problemlösern. Selbst wenn sie Sie nicht mögen, sind sie gezwungen, mit Ihnen Geschäfte zu machen, um die Probleme zu lösen.

Wenn Sie Probleme lösen können, werden die Menschen Sie bevorzugen. Wenn Sie Ihre Kompetenz in Sachen Wertschöpfung und Problemlösung unter Beweis stellen, werden Sie reiche Köpfe und Macher für sich gewinnen. Da Problemlösung ein schneller Weg zur Führung ist, ist es auch ein guter Weg, um reich zu werden.

Warum Sie erfinden sollten:

Die Leute werden nicht müde von Dingen, vor allem Dinge, die sie dazu bringen, ihr Geld auszugeben. Wenn Sie relevant bleiben möchten, sollten Sie in der Lage sein, einen Weg zu finden, um immer auf dem neuesten Stand zu bleiben und

Trends und die sich wandelnden Bedürfnisse Ihrer Zielgruppe zu berücksichtigen. Sobald sie spüren, dass Ihnen die Luft ausgeht, wird es viel Zeit brauchen, sie wieder zu bekommen.

Seien Sie nicht dasselbe alte, langweilige Selbst. Unberechenbar sein.

Tipp 10: Spezialisieren

"Knappheit schafft Nachfrage und Nachfrage schafft Wert."

-Das Prinzip der Knappheit

Während es gut ist, Multitasking zu betreiben und bei einer Vielzahl von Aufgaben kompetent zu sein, hat die Forschung gezeigt, dass es für Sie vorteilhafter ist, für etwas bekannt zu sein und darin gut zu sein. Wenn Sie den Namen "Bill Gates" hören, fällt Ihnen Microsoft sofort ein. Wenn Sie 'Jack Ma' hören, denken Sie vielleicht an Alibaba und wenn Sie 'Mark Zuckerberg' hören, denken Sie an Facebook. Diese Personen sind für etwas Besonderes bekannt und als Ergebnis sind sie wohlhabend. Nun, Sie sind zehn Jahre bei einem Job, sehr gut, aber wenn wir Ihren Namen hören, sollten Sie sich darüber Gedanken machen, was in den Köpfen der Menschen auftaucht.

Heute gehören Spezialisten zu den Top-Verdienern der Welt. Sie ernähren sich einfach vom knappen Angebot ihrer Dienstleistungen, während sie im Laufe der Zeit immer besser werden.

Anstatt ein allwissender Mensch zu sein, sollte man sich auf etwas konzentrieren, was man wirklich kann. Widmen Sie sich konsequent dieser Zeit und arbeiten Sie daran, der Beste auf diesem Gebiet zu sein. Mit der Zeit werden Sie dafür bekannt werden. Und selbst wenn es Konkurrenz gibt, werden Menschen, die diesen Service oder dieses Produkt benötigen, Geschäfte mit Ihnen machen wollen. Die Leute wollen das Beste, aber sie würden zuerst etwas Glaubwürdigkeit bevorzugen.

Suchen Sie also in allem, was Sie tun, nach einem, das in der heutigen Welt sehr lebensfähig ist, dass es eins sein muss, das dem Leben einen Mehrwert gibt und ein Problem löst. Egal, wie viel Sie bereits darüber wissen, widmen Sie dieser Sache mehr Anstrengung.

Sie wissen noch längst nicht alles. Streben Sie danach, alles über diese spezielle Sache zu wissen, und machen Sie alles, was Sie tun, im Hinblick auf die Absicht, Werte hinzuzufügen und Probleme zu lösen. Danach beginnen Sie, sich über Ihre Kompetenz auf diesem Gebiet bei den Leuten zu äußern und so weit die Wertschöpfung ein Teil davon ist, werden Sie Menschen haben, die das brauchen, was Sie Ihnen anbieten können.

Warum sollten Sie sich spezialisieren:

Die Spitzenverdiener der Welt sind heute für etwas Einzigartiges und Spezifisches bekannt, nicht für eine große Bandbreite an Dingen. Wenn Sie wohlhabend sein wollen, müssen Sie eine Nische für sich selbst schnitzen. Erstellen Sie ein einzigartiges Zelt für Sich und wenn der Regen niedergeht, werden die Menschen zu Ihnen strömen und Schutz suchen.

Wert, der spezifisch ist, zieht Reichtum an.

Tipp 11: Nutzen Sie Rabattangebote

Dies ist eine sehr subtile Möglichkeit, zusätzliches Geld in Ihrem Budget zu sparen. Warum geben Sie viel Geld an normalen Tagen aus, wenn Sie ein paar Tage oder Wochen warten können, um Ihre Sachen zu einem günstigeren Preis zu kaufen. Bevor Sie einen Kauf tätigen, achten Sie auf Geschäfte mit Rabatten. Achten Sie auch auf Einzelhandelsunternehmen, Sonderpreise anbieten.

Obwohl viele Menschen befürchten, dass diejenigen, die billigere Produkte verkaufen, dies tun, weil die Qualität ihrer Produkte unterdurchschnittlich ist, ist die Wahrheit, dass eine solche Annahme unbegründet und nicht ganz richtig ist. Es gibt mehrere Geschäfte, die billig verkaufen und Rabatte anbieten und die Qualität ihrer Produkte wird dabei aber nicht reduziert. In einigen Fällen ist ihre Produktqualität sogar besser als die, die zu normalen Preisen verkaufen.

Also, beim nächsten Mal, wenn Sie einen Kauf tätigen möchten, achten Sie auf Optionen, die niedrigere Preise anbieten.

Warum sollten Sie auf Rabatte warten, bevor Sie kaufen?

Das Motiv ist klar. Sie können zusätzliches Geld sparen. Darüber hinaus können Sie aber auch Ihre Ausgaben regulieren. Rabattangebote sind saisonal - Sie finden sie nicht jedes Wochenende. Wenn Sie keine Einkäufe tätigen, bis Sie von einem Räumungs- oder Rabattverkauf erfahren, können Sie mehr kaufen und mehr sparen.

Sie können zusätzliches Geld sparen, das

reinvestiert oder gespart werden könnte. Reichtum ist nicht nur in den "großen" Themen und großen Zahlen, es ist auch effektiv in den Feinheiten.

Tipp 12: Leben Sie unter Ihren Mitteln

"Wenn Sie über Ihre Mittel leben, werden Sie pleite und bankrott. Wenn Sie mit Ihren Mitteln leben, leben Sie von der Hand in den Mund. Reichtum ist eine Funktion des Lebens unterhalb Ihrer Mittel, es sei denn, Sie haben einen stetigen sekundären Einkommensstrom, um Ihren Ablass zu erhöhen."

Anonymus

Während einige vorgeschlagen haben, dass man im Rahmen seiner Möglichkeiten leben sollte, raten Finanzexperten des 21. Jahrhunderts, dass man, um reich zu werden, unter seinen eigenen Mitteln bleiben und operieren muss. Dies liegt daran, dass das Leben mit Ihren Mitteln höchstwahrscheinlich dazu führen wird, dass Sie "von der Hand in den Mund leben" und wenig oder keine Gelegenheit haben, zu sparen oder zu investieren. Wenn Sie unter Ihren finanziellen Mitteln leben, ist finanzielle Planung eher möglich und es wird fast unvermeidlich, reich zu werden. Zum Beispiel, wenn Sie auf einem Gehalt von 3.000 € pro Monat sind, verschwenden Sie wahrscheinlich keinen Gedanken daran, ein 6.000 € Power E-Bike zu kaufen.

Wenn das Fahrrad keine echte Notwendigkeit für Sie ist, dann sollten Sie akzeptieren, öffentliche Verkehrsmittel in der Zwischenzeit zu verwenden, während Sie sparen, bis Sie Ihr Fahrrad bequem ohne Schulden und ohne die Bank zu überfallen, kaufen können. Gute E-Bikes gibt es übrigens auch schon ab 1500 €.

Erlauben Sie nicht, dass Freunde oder Kollegen Sie dazu bringen, Geld auszugeben, das Sie nicht haben oder das Sie nicht ausgeben möchten. Wenn es sich außerhalb Ihrer Möglichkeiten bewegt, sollten Sie stark bleiben. Sie werden nicht sterben, eher würden Sie schneller reich werden. Etwas in oder etwas über Ihren Mitteln mag cool sein und zu Ihrem Ego und Ihrem Stolz beitragen, aber bedenken Sie die Implikationen. Ja, Prestige ist gut, aber um welchen Preis?

Eine goldene Regel, um unter den Mitteln zu leben und immer noch reich zu werden, ist, dass was auch immer vor einem liegt, "wenn man es sich nicht leisten kann, dann ist es nichts für einen." Es ist wirklich so einfach. Was nicht in die Bestimmungen Ihres Einkommens und Budgets passt, kann nicht in Ihr Leben passen, ohne andere wichtigere Dinge zu verschieben.

Sie können es zum Ziel machen und anfangen, darauf hinzuarbeiten.

Man könnte diesen Tipp "das Leben eines Minimalisten leben" nennen. Schließlich sind die großen Tiere in der Tech-Welt wie Steve Jobs und

Mark Zuckerberg Minimalisten.

Warum sollten Sie unter Ihren Mitteln leben?

Denken Sie an das Prinzip der Geldbindung. Reichtum ist eine Funktion des Geldmachens, des Geldmanagements, der Geldspeicherung und der Geldvermehrung. Ein Leben unter den eigenen Mitteln ist eine gute Möglichkeit, Geld zu sparen. Das ist kein Aufruf zu einem geizigen Lebensstil. Nein. Es ist vielmehr eine Aufforderung an Sie, das Gesamtbild zu sehen, damit Sie die notwendigen Schritte unternehmen und die notwendigen Opfer bringen können, um Sie dahin zu bringen, wo Sie sind, wo Sie sein möchten, in Reichtum.

Tipp 13: Leben Sie schuldenfrei

Stellen Sie sich vor, Sie holen Wasser in einem Eimer mit Löchern. Egal, wie viel Sie holen, Ihr Becken wird niemals voll werden! So ist auch das Leben mit Schulden. Sie verdienen viel Geld, aber Sie haben nichts Wirkliches vorzuzeigen, weil Ihre Tasche Löcher hat. Bei vielen belasten die Banken die Konten jeden Monat mit Rückzahlungen für ein Darlehen, das sie einmal aufgenommen haben.

Schulden sind eine Autobahn zum finanziellen Tod. Wenn Sie weiterhin verschuldet sind, ist es äußerst unwahrscheinlich, dass Sie jemals reich werden. Sie müssen zuerst etwas gegen diese Schulden tun.

Sie müssen etwas gegen Ihre Angewohnheiten tun. Jedes Mal, wenn Sie denken, Sie sollten sich etwas Geld leihen, fragen Sie sich:

"Brauche ich das wirklich?" Selbst wenn Sie denken, dass Sie es wirklich brauchen, aber es sich derzeit nicht leisten können, bevor Sie in Betracht ziehen, sich etwas zu leihen, sollten Sie nach anderen Optionen für diese Sache Ausschau halten.

Suchen Sie nach billigeren Alternativen, die wahrscheinlich nicht so renommiert sind, aber das gleiche Problem lösen. Zum Beispiel möchten Sie ein Auto, um Ihre Anfahrt zu Ihrem Arbeitsplatz zu erleichtern. Autos sind ziemlich teuer. Anstatt ein neues Auto zu finanzieren, sollten Sie nach einem älteren Auto oder Fahrrädern suchen, oder Sie können sogar fragen, ob jemand (ein Freund, Nachbar, irgendjemand!) in Ihrer Nähe ist, der Sie jeden Tag mitnehmen kann, bis Sie genug gespart haben, um Ihr eigenes Transportmittel kaufen zu können.

Viele Menschen stecken in Schulden und wenn sie

Schuldner sind, wird Ihnen der Reichtum immer entgehen. Es könnte eine echte Frustration sein. Wenn Sie bereits verschuldet sind, ist es in Ordnung. Erstellen Sie einen Plan, um sie systematisch auszugleichen.

Machen Sie es allmählich, über einen Zeitraum hinweg, es sei denn, Sie hätten schon die Mittel (nicht wieder ausgeliehen!), die Ihnen helfen können, das abzuzahlen, was Sie an Schulden haben. Aber niemals alles auf einmal ausgeben, um eine Schuld zu begleichen. Zahlen Sie zuerst einen guten Prozentsatz aus und treffen Sie eine Verständigung mit Ihrem Gläubiger.

Warum sollten Sie Ihre Schulden ausgleichen?

Ein Merkmal des Reichtums ist schuldenfrei zu

sein, trotzdem gibt es erstmal nichts Verwerfliches an Schulden. Sie können aber nicht an Reichtum denken, wenn Sie Schulden haben, noch können Sie produktiv sein, um reich zu werden, werden Sie Ihre Schulden los.

Tipp 14: Arbeiten Sie immer mit einem Budget

Wenn Sie wissen, wie viel Sie haben und was genau Sie brauchen, sollten Sie sich trotzdem nicht an der Budgetgrenze bewegen.

Umgekehrt, wenn Sie das nicht tun, riskieren Sie, dass Sie etwas kaufen, ohne etwas zu kaufen, das Ihren gegenwärtigen Bedürfnissen entspricht.

Budgetierung hilft Ihnen, Geld zu sparen, da Sie sinnlose Ausgaben vermeiden. Haben Sie ein Budget für alles, was Sie tun möchten?

Betrachten Sie dieses Szenario:

Tom hat 100 € und er muss einkaufen gehen. Er geht in den nahe gelegenen Lebensmittelladen und dieser hat gerade seine Waren aufgefüllt. Das erste, was er sieht, ist das super-leckere Müsli, das im Fernsehen beworben wurde.

Er will es versuchen, also fügt er es seinem Wagen hinzu. Er geht durch den Laden und holt sich neue coole Sachen, die er ausprobieren möchte. Als er nach Hause kommt, merkt er, dass er vergessen hat, etwas Milch und Früchte zu kaufen, die der Arzt empfohlen. Und er hat das ganze Geld für "Testprodukte" ausgegeben.

Tom ist in Schwierigkeiten und es begann, als er ausstieg, um Sachen zu kaufen, ohne zuerst zu planen. Es gibt keine Weisheit, Dinge zufällig zu tun. Jeder Einkauf, den Sie tätigen, sollte vorsätzlich sein. Bevor Sie loslegen, überlegen Sie, was genau Sie kaufen möchten. Finden Sie heraus, wie viel es kostet und stellen Sie sicher, dass Sie beim Einkaufen, keine zusätzlichen Produkte kaufen.

Oft werden teure Produkte wunderschön

präsentiert und mit Fake Rabatten angepriesen, als super Schnäppchen.

Gehen Sie bewusst nur Ihre Dinge einkaufen, die Sie zu Hause aufgeschrieben haben. Bleiben Sie stark!

Warum sollten Sie immer mit einem Budget arbeiten:

Ein Budget hilft Ihnen, Ihre Finanzen zu organisieren. Sobald Sie organisiert sind, können Sie finanziell stabiler werden, und dies ebnet den Weg für finanzielles Wachstum.

Tipp 15: Niemals alles auf einmal ausgeben

Egal, wie gut eine Gelegenheit ist, geben Sie niemals alles aus. Es ist einfach nicht ratsam, dies zu tun, da es Sie in eine benachteiligte Position bringt.

Zum Beispiel es kommt ein befreundeter Bänker auf Sie zu mit einem guten Angebot zur Geldanlage. Und dieses Angebot hört sich wirklich gut an. Er möchte, dass Sie investieren, weil er glaubt, dass Sie damit in wenigen Jahren viel Rendite machen und gutes Geld daraus ziehen können. Es kostet 30.000 € und Sie haben 31.000 €.

Wenn Sie sich entscheiden, es vollständig zu bezahlen, bedeutet das, dass Sie nur noch 1.000 Euro übrig hätten und wenn unvorhergesehene

Eventualitäten auftreten, werden Sie unfähig sein, sich um sie zu kümmern.

Sie müssen am Ende einen Kredit aufnehmen, um dringende Bedürfnisse zu befriedigen und in der Zeit, wo Profit aus Ihrer Investition kommt, gibt es bereits Rechnungen und steigende Schulden.

Was den Unterschied macht, ist nicht, wie viel hineinfließt, sondern wie viel bleibt.

Denken Sie darüber nach, was passieren könnte, wenn Sie plötzlich auf der Stelle Geld brauchen um einen unvorhergesehenen Schaden reparieren zu müssen oder wenn sich der Deal doch noch als Farce entpuppt und Sie betrogen wurden? Natürlich wird es Verträge und Versicherungspapiere geben, aber Tatsache ist, dass Sie Geld verloren haben!

Nun, dies ist kein Aufruf, um Sie daran zu hindern, Gelegenheiten wahrzunehmen.

Berechnen Sie jedoch Ihre Risiken und legen Sie nicht alle Ihre Eier in einen Korb, egal wie groß dieser ist. Wenn Sie eine alternative Einnahmequelle haben, die Sie unterstützen kann, während Sie Risiken eingehen, ist es in Ordnung. In allen Fällen geben Sie aber nicht Ihr ganzes Geld auf einmal aus.

Warum Sie nicht alles auf einmal ausgeben sollten:

Wir leben in einer Welt der Ungewissheiten. Während wir beten und hoffen, dass die Dinge gut für uns laufen, werden sie sich vielleicht nicht immer so entwickeln. Sie müssen sich auf das Schlimmste vorbereiten.

Wenn Sie das nicht tun und Sie Ihr ganzes Geld ausgeben, wenn andere unerwartete Probleme auftreten, werden Sie gezwungen sein, Geld zu leihen und auf diese Weise verlängern Sie Ihren Weg zu Reichtum und finanzieller Freiheit.

Tipp 16: Kaufen Sie, was Sie brauchen, nicht was Sie wollen

Die Fähigkeit, eine Linie zwischen dem, was Sie wollen und dem, was Sie brauchen, zu ziehen, ist eine Fähigkeit, die wohlhabende und erfolgreiche Menschen im Laufe der Zeit aufgenommen haben. Wenn Sie auch so werden wollen - oder besser als sie -, brauchen Sie auch diese Fähigkeit. Um zwischen Bedürfnissen und Wünschen unterscheiden zu können, müssen Sie ehrlich zu sich selbst sein und sich entschließen, Ihre Entscheidungen zu befolgen.

Warum Sie kaufen müssen was Sie brauchen und nicht was Sie wollen:

Sie sparen zusätzliches Geld, indem Sie Ihre Ausgabenoptionen optimieren. Wer reich wird, kann von einer massiven Einkommenssteigerung und von der Anhäufung kleinerer Beträge profitieren. Wenn Sie sich für das entscheiden, was Sie brauchen und nicht das, was Sie wollen, haben Sie sicher zusätzliches Bargeld übrig, das zu Ihren Ersparnissen hinzugefügt oder für zukünftige Zwecke verwendet werden kann.

Auf diese Weise müssen Sie nicht jedes Mal Geld von Ihrem Konto abheben. Während es dort wächst, sind Sie hier stabil. Reagieren Sie nicht auf unnötigen Druck, Dinge zu kaufen, die Sie nicht für nötig halten. Machen Sie keine Panikkäufe.

Tipp 17: Halten Sie Ihre Rechnungen klein

Viele Leute geben Geld aus, um Rechnungen zu bezahlen, sie haben keine Ahnung, wie oder wann es dazu kam. Wenn sie es nur wüssten, wären sie proaktiver. Der Weg zum Reichtum erfordert Proaktivität und Wachsamkeit gegenüber Ihren Einnahmen und Ausgaben. Jeder Cent zählt!

Wenn Sie zum Beispiel den Ventilator oder die Klimaanlage eingeschaltet lassen, während Sie außer Haus sind, erhalten Sie eine Rechnung, die sowohl die Zeiten, in denen Sie im Haus waren, als auch die Zeiten, die Sie es verlassen haben, widerspiegelt. Jetzt ist die Frage, warum das nötig ist, wenn Sie die Verwendung reduzieren können? Wenn Sie das Haus verlassen, schalten Sie den Ventilator und die Klimaanlage aus. Selbst wenn Sie nicht länger als ein oder zwei Stunden unterwegs sind, können Sie, wenn Sie den Ventilator und die Klimaanlage bei der Abfahrt ausschalten, sich einen guten Prozentsatz des Geldes sparen, das Sie sonst in die Stromrechnungen einzahlen würden.

Sie können sich auch selbst helfen, indem Sie tagsüber viel kaltes Wasser trinken, um Ihre Körpertemperatur so kühl zu halten, dass Sie die Klimaanlage nicht mehr benötigen. Das Gleiche gilt für Stromrechnungen. Es ist hell, die Sonne steht früh auf und mittags ist alles hell genug, um Ihre Aktivitäten richtig zu machen. Selbst wenn Sie den Anblick von Licht lieben, können Sie es sich sicherlich leisten, es öfters mal ausgeschalten zu lassen, um Ihren Stromverbrauch zu sparen.

Viele Male, Reichtum kommt von beobachten und Aufmerksamkeit auf das Wesentliche wie wenig Geld auch eingespart wird, wenn es einmal angesammelt ist, kann es sich als nützlich erweisen.

Warum sollten Sie Ihre Rechnungen klein halten:

Um zu sparen natürlich! Reduzieren Sie den Abfluss, optimieren Sie den Zufluss. Das ist Reichtum!

Tipp 18: Verwenden Sie kostenlose Anrufdienste

Anstatt Ihre 50 oder 100 Euro für Telefonrechnungen auszugeben, können Sie kostenlose Anrufdienste wie Skype, Facebook Messenger oder IMO nutzen. Sie benötigen nur eine Internetverbindung, um sie zu benutzen und schlimmstenfalls sind sie nicht annähernd so teuer wie Ihre herkömmlichen Telefondienste.

Sie können auch Videoanrufe mit derselben Internetverbindung ohne zusätzliche Kosten tätigen und Serviceanbieter wie WhatsApp haben außerdem Funktionen hinzugefügt, die dazu beitragen können, die Datennutzung bei Anrufen zu verringern oder zu minimieren.

Sie könnten Ihre 50 € - 100 €, die für Telefonanrufe ausgegeben worden wären, durch einfaches Wechseln zu einem der kostenlosen Anrufdienstanbieter sparen oder reinvestieren.

Reich werden bedeutet, alle unnötigen Cash-Flow-Outlets zu stoppen und dies ist ein sicherer Weg, dies zu tun.

Warum Sie kostenlose Anrufdienste verwenden sollten:

Sie haben ein großes Potenzial. Wenn sie keine gangbare Option wären, wären sie nicht so stark kritisiert worden von den großen kostenpflichtigen Anbietern. Sie können einfach Kosten senken und mehr Geld sparen.

Tipp 19: Kaufen Sie in großen Mengen

Dies ist eine Möglichkeit, um mehr Geld für Ihre Einkäufe zu sparen. Dieser Tipp gilt in hohem Maße für Einzelhändler, aber auch für normale Personen.

Betrachten Sie dieses Szenario:
Sie sind ein ganz normaler Verbraucher und Sie wollen Lebensmittel für den Monat kaufen. Ihre Schätzung ist, dass es Sie 70 € kostet. Sie müssen 15 € ausgeben, um zu Ihrem Lieblingsgeschäft und zurückzufahren.

Daher sollten Sie für Ihre Einkäufe insgesamt 85 € monatlich rechnen und für sechs Monate würden Sie 510 € ausgeben. Wenn Sie in großen Mengen kaufen, würden Sie viel weniger als diesen Betrag ausgeben. Wenn Sie größere Packungen Ihrer Lebensmittel kaufen, müssen Sie zwar erstmal mehr ausgeben, aber auf lange Sicht sparen Sie Geld. Sie können sich dadurch auch mehrere Fahrten sparen, da Ihr Einkauf länger hält. Zeit, Geld und Abgase gespart. Prima!

Betrachten Sie dieses Szenario:
Anstatt einen Monat lang falsch Lebensmittel zu kaufen, entschließt man sich, sechsmonatige Aktien zu kaufen. Die King-Size-Packs Ihrer Lebensmittel kosten insgesamt ca. 320 €. Sie haben ja einen Kühlschrank, um sie zu lagern, damit sie nicht schlecht werden. Sie fahren jetzt aber nur noch 3 Mal zum Lebensmittelgeschäft. Zusätzliche 45€ gespart, um zum Laden und zurück zu fahren.

Am Ende geben Sie 365 € für Lebensmittel aus, um Sie für die nächsten 5 - 6 Monate zu versorgen! Das sind 145 Euro weniger als die Summe, die Sie ausgeben würden, wenn Sie jeden Monat kaufen würden!

Das ist nur ein Szenario. Sie können viel Geld sparen, wenn Sie **nur** in großen Mengen kaufen. Wenn Sie zusätzlich noch Rabattmarken benutzen, die Sie übrigens leicht im Internet finden können, dann ist Ihr Sparpotenzial noch viel höher.

Warum sollten Sie in großen Mengen kaufen:

Der Großeinkauf hilft auch bei der Planung. In dem oben beschriebenen Fall des Großeinkaufs müssen Sie sich, wenn Sie etwa sechs Monate lang Lebensmittel gekauft haben, in den Monaten vor dem sechsten keine Gedanken über Lebensmittelausgaben machen, weil Sie Ihr Budget eingeteilt haben und damit können Sie sich auf andere Dinge konzentrieren. Kaufen in großen Mengen hilft sicherlich.

Tipp 20: Abonnieren Sie keine unnötigen Dinge

Erneuern Sie nicht das Abonnement für Dinge und Dienste, die Sie nur selten verwenden. Zeitschriften sind ein perfektes Beispiel dafür und auch Ihr Sky Abo, Netflix oder DAZN könnte in diese Kategorie fallen. Wenn Sie selten Zeit für das Fernsehen haben, stoppen Sie die automatische Erneuerung des Abonnements. Sie können unterwegs Nachrichten, Sport und Trends über Ihr Smartphone verfolgen.

Umgekehrt sollten Sie, wenn das Magazin Sie nicht mehr anspricht, die Verlängerung Ihres Abonnements einstellen. Sie sparen Geld! Bitte beachten Sie, dass dies kein Anruf für Sie ist, damit Sie aufhören, fernzusehen oder Zeitschriften zu lesen. Es bedeutet nur, dass es ratsam ist, Kosten zu sparen und das Abonnement zu beenden, wenn Ihr Zeitplan Ihnen selten Zeit gibt für diese Dinge.

Zum Beispiel arbeiten Sie mit einem multinationalen Spitzenunternehmen zusammen und Ihr Arbeitsrhythmus lässt Sie um 7:00 Uhr morgens aufstehen und um 19:00 Uhr Feierabend machen. Gegen 20 Uhr kommen Sie erschöpft nach Hause. Das einzige, was Ihnen zu dieser Zeit in den Sinn kommt, ist ein Bad, Essen und Schlafen. Und wenn Sie fertig sind, sogar wenn Sie versuchen, etwas im Fernsehen anzuschauen, schlafen Sie auf der Couch ein. Ihr Kabelabonnement läuft weiter, ohne dass Sie die Namen und Nummern der verfügbaren Kanäle kennen!

Helfen Sie sich selbst, sparen Sie sich etwas Kosten. Stellen Sie sich vor: Sie brauchen es wirklich nicht und das zusätzliche Geld, das Sie sparen könnten, kann in ein anderes profitableres Unternehmen investiert werden.

Warum sollten Sie keine unnötigen Dinge abonnieren:

Sie sind einfach Leckagen in Ihrem Reichtumspaket. Sie sind Ihr Geld nicht wert und selbst wenn es schwierig sein könnte zu entscheiden, welchen Dienst man abbestellen soll, wäre man sicher froh, dass man es auf lange Sicht getan hätte.

Nicht-Wesentliche Dinge lenken den Geldfluss von Ihnen weg!

Tipp 21: Investieren Sie in sich

Das könnte Sie überraschen, aber glauben Sie wirklich, dass Sie mehr Geld verdienen, mehr sparen, mehr investieren und reicher werden können, während Sie auf der gleichen Kompetenz, Exposition und Kapazität sind? Sie stimmen mir sicher zu, dass die Antwort ein großes "Nein" ist. Oft kann der Verstand, wenn er trainiert und mit einer erhöhten Kapazität operiert, die Art von Reichtum anziehen, die man sich wünscht. Wenn Sie Ihre Fähigkeiten über den Boden hinaus entwickeln, sind Sie berechtigt, etwas über dem Boden zu verdienen und je höher man geht, desto besser kann man wachsen, je höher das Einkommen ist und desto größer die Chancen, wohlhabend zu werden.

Wenn Sie reich werden wollen, müssen Sie aufsteigen - in Wissen, in Können und Fähigkeiten.

Je höher man geht, desto größer ist die Menge an Einkommen, die man anziehen kann.

Warum Sie in sich investieren sollten:

Dies ist heikel, aber auch sehr wichtig. Sie müssen sicherstellen, dass Ihr Geist, Pläne und Disposition immer Reichtum und Exzellenz widerspiegeln. Jede neue Grenze, die Sie betreten möchten, wird eine bessere Version von Ihnen verlangen. Also, wenn Sie die Brücke zum Reichtum überschreiten wollen, müssen Sie in sich selbst investieren und notwendige Upgrades durchführen. Upgrades in Form von Lehrgängen, Kursen oder Weiterbildungen.

Tipp 22: Stoppen Sie nutzlose Käufe!

Dies ist eine gute Möglichkeit, Ihre Ausgaben zu senken. Zu verstehen, dass Ihre Wünsche und Tendenzen Ihre Handlungen und Ergebnisse bestimmen, dient als Vorstufe für Sie, Ihren Drang loszuwerden, an jedem Verkauf oder Veranstaltung teilzunehmen. Wenn Sie ein Talent dafür haben, neigen Sie dazu, Dinge zu kaufen, die Sie nicht brauchen und das wird Ihre Chancen verringern, irgendwann reich zu werden.

Warum sollten Sie Ihren Wunsch nutzloses zu kaufen stoppen:

Wenn Sie reich werden wollen, müssen Sie "strukturiertes Ausgeben" üben und Ihre Vorliebe für den Kauf von Schnick Schnack sollten Sie weitgehendst eindämmen.

Tipp 23: Unnötige Lieferkosten vermeiden

Dies ist eine der zahlreichen Möglichkeiten, um Geld zu verschwenden, bevor Sie die Gelegenheit haben, es zu genießen. Sie müssen verstehen, dass Sie, um reich zu werden, die Fähigkeit haben müssen, so viel Geld wie möglich zu behalten. Unnötige Hauszustellungen oder Lieferungen können auf lange Sicht gesehen teuer sein. Selbst wenn der Laden sagt, dass es kostenlos ist, bekommt man oft dennoch Rabatt bei Selbstabholung.

Warum Sie aufhören sollten, unnötige Lieferkosten zu produzieren:

Nun, warum nach Hause liefern lassen, wenn Sie ein kostenloses Training zu Fuß oder mit dem

Fahrrad haben können, um zu dem Laden zu kommen? Oder noch besser, kaufen oder bestellen Sie Sachen von Läden in Ihrer Nähe oder auf dem Heimweg von der Arbeit?

Ein Pluspunkt ist, dass ein Spaziergang zum Laden Sie von Stress befreien kann. Sie können dies auch zusammen mit Ihren Geschwistern, Partner, Freund und so weiter tun.

Tipp 24: Hören Sie auf auswärts zu essen: Iss zu Hause

Das ist ein Kinderspiel. Die Kosten um unterwegs oder im Restaurant zu essen sind relativ hoch, im Verhältnis zu dem, was Sie ausgeben müssen, um sich ein schönes hausgemachtes Gericht zuzubereiten. Außerdem kann man, indem man so oft wie möglich selbst zubereitete Speisen isst, seine Kochkünste verbessern, was wiederum Teil der Selbstverbesserung ist.

Sie müssen nur einen kleinen Bruchteil Ihrer durchschnittlichen Restaurantrechnung für Dünger oder Saatgut aufwenden, um Gemüse, Karotten, Tomaten, Kartoffeln und andere Gartenleckereien anzubauen. Auf diese Weise können Sie leicht die Kosten für Beilagen oder sogar für ein ganzes Gericht sparen. Das im Verhältnis, je nach Saison aufs Jahr gerechnet, im

Gegensatz zu Restaurantbesuche, eine Menge Geld.

Nun, das ist kein Aufruf für Sie, die Idee des Essens völlig zu verändern. Während Sie weiterhin selbst angebautes Essen zu sich nehmen und Geld sparen oder das zusätzliche Geld, das Sie verdienen, wieder ausgeben, könnte das Essen auch für Feierlichkeiten oder Abende mit Freunden reserviert werden.

Auswärts essen kann zu einer süchtig machenden Angewohnheit werden und das ist ein weiterer Grund, warum Sie wahrscheinlich überlegen sollten, Ihre Besuche in Ihrem Lieblingsrestaurant zu reduzieren. Sie haben sich in die Umgebung verliebt und Sie haben sogar einen Lieblingstisch an der Seite des Fensters, der Ihnen die schöne Landschaft Ihrer Stadt zeigt. Sie lieben den Ort! Selbst wenn Sie kein Geld mehr haben, entscheiden Sie sich, hierher zu kommen - es hilft

Ihnen, Ihre vergangenen Entscheidungen und Ihren aktuellen Stand der Dinge zu reflektieren.

Nun, es ist ja nur ein 20 €-Schein hin und wieder"; Aber stellen Sie sich der Herausforderung, es eröffnen nach und nach immer mehr Geschäfte in der ganzen Stadt, dank Ihres Geldes und der anderer, während es Ihnen immer schwerer fällt, Geld zu sparen.

Warum sollten Sie aufhören auswärts zu essen?

Je mehr Sie auswärts essen, desto mehr wird Ihr Geld sprichwörtlich weggegessen. So einfach ist das.

Tipp 25: Verwenden Sie ein Sparschwein

Dies ist besonders nützlich, wenn Sie häufig in bar bezahlen. Ein Euro pro Tag gibt Ihnen 365 € am Ende des Jahres. Denken Sie nun daran, wie viel Sie am Ende des Jahres realisieren würden, wenn Sie jeden Tag 10 € sparen würden: das wären 3.650 Euro. Wenn Sie beispielsweise 9 Stunden täglich von Montag bis Samstag arbeiten und Sie 15 Euro pro Stunde erhalten, können Sie täglich rund 135 Euro verdienen, was sich auf 810 Euro pro Woche beläuft.

Das sind 3.240 € pro Monat. Sie können auf zwei Arten sparen: Erstens, nehmen Sie einen Teil Ihres täglichen Gehalts und werfen Sie es in Ihr Sparschwein. Sie können mit 50 € beginnen und am Ende der Woche können Sie eine Ersparnis von 300 € erzielen, während Sie mindestens 500

€ für Ihre wöchentlichen Ausgaben ausgeben müssen. Am Ende des Monats hätten Sie ungefähr 1.200 € gespart, während Sie ungefähr 2.000 € für Ihre Rechnungen und Ihren Unterhalt hätten. Am Ende des Jahres hätten Sie über 14.000 € gespart!

Neben Ihren regulären Einnahmen können auch Gewinne oder Boni zu Ihrem Konto hinzugefügt werden - egal ob in das Schweinchen oder bei der echten Bank.

So oder so Sie sparen sich was für schlechte Zeiten an. Wenn sich eine rentable Anlagemöglichkeit eröffnet, können Sie auch investieren, während Sie zusehen können, wie Ihr Geld wächst.

Warum sollten Sie ein Sparschwein verwenden:

Sie können, nein Sie werden Geld sparen!

Tipp 26: Starten Sie Ihr eigenes Geschäft

Das ist ein Kinderspiel. Denken Sie an die reichsten Menschen der Welt, keiner von ihnen ist ein Angestellter von jemandem. Dies unterstützt die Tatsache, dass Sie fast nicht reich werden können, während Sie ein Angestellter sind. Es ist natürlich schwieriger, aber nicht unmöglich. Es ist so:

Als Mitarbeiter arbeiten Sie daran, einer anderen Person dabei zu helfen, reich zu werden. Und unter normalen Umständen können Sie das nicht tun und gleichzeitig Ihr eigenes Geschäft haben. Sie können nur eine Person durch Ihre Bemühungen pro Zeit reich machen und entweder Sie oder Ihr Chef und leider ist Ersteres keine Option für Sie als Arbeitnehmer.

Wenn Sie reich werden wollen, müssen Sie

anfangen zu denken und zu planen, wie Sie unabhängig werden können. Reichtümer kommen schneller durch Profite, nicht durch Gehalt: Um ein eigenes Unternehmen zu gründen, suchen Sie nach einem Bedarf oder einem Problem in Ihrer Gemeinde, Stadt oder Land und überlegen Sie, wie Sie eine wertvolle Lösung dafür bereitstellen können. Wenn es gut genug ist und das beabsichtigte Problem löst, werden die Leute sicherlich dafür bezahlen. Setzen Sie auf Wertvorstellungen und lösen Sie Probleme.

Ein ganz einfaches Beispiel für ein Problem der Menschen ist, dass ihre Haare ständig wachsen und sie geschnitten werden müssen. Mir ist bewusst, dass es in jeder Stadt Unmengen an Frisörläden gibt, dies sollte nur ein Beispiel sein damit Sie verstehen, was mit Problemlösen gemeint ist. Seien Sie kreativ und überlegen Sie welche Probleme in Ihrer Umgebung herrschen, um Ihr eigenes Business zu starten.

Warum Sie Ihr eigenes Geschäft gründen sollten:

Bei Ihrem eigenen Unternehmen gibt es keine Arbeitsplatzunsicherheit. Sie sind nicht in Gefahr, gefeuert zu werden und es besteht auch kein hohes Risiko, bankrott zu gehen, aber nur wenn Sie wissen, dass Ihr Einsatz und Ihre Managementfähigkeiten großartig sind. Sie erhalten auch die Chance, reich zu werden, wenn Sie von der Wertschöpfung profitieren. Sie müssen es sich aber trotzdem sehr gut überlegen und mit Bedacht an die Sache ran gehen, sonst ist bankrott zu werden näher als Sie denken.

Tipp 27: Sie sollten versuchen einen besseren Job zu bekommen

Dies trifft am besten auf Sie zu, wenn Sie es ablehnen, ein eigenes Unternehmen zu gründen. Wenn Sie sich jedoch hinsetzen, um Ihr Leben neu zu bewerten und die Dinge in einem neuen Licht zu sehen, könnte Reichtum nicht nur Ihre Gedanken durchdringen, sondern auch Ihre Realität werden.

Zuerst müssen Sie erkennen, dass Ihr aktueller Job Sie wahrscheinlich nirgends hinführt. Fünfzehn Jahre auf einer Reise, immer noch von der Hand in den Mund lebend, klingt furchtbar schlecht. Selbst wenn Sie nicht von der Hand in den Mund leben und Sie der Bank nichts schuldig sind und es Ihnen irgendwie gelungen ist, ein Haus schuldenfrei zu besitzen, können Sie nicht so reich sein, wie Sie es sich wünschen.

Sie können sich als Mitarbeiter wohlfühlen, aber als Mitarbeiter sind Sie nicht wohlhabend genug, um zahlreiche Investitionen und Vermögenswerte zu haben.

Das ist kein weit verbreitetes Phänomen. Daher müssen Sie wirklich nach besseren Möglichkeiten außerhalb suchen.

Jeder liebt neue Herausforderungen und Sie müssen bereit sein, andere Optionen zu erkunden. Zeichnen Sie eine Grenze zwischen Loyalität und Dummheit oder Naivität. Wenn Sie Ihrer Firma zwar viel Geld einbringen aber Sie sich für Ihre Dienstleistungen nicht gut bezahlt fühlen, können Sie Optionen für eine grünere Weide erkunden.

Sprichwort: "schau genau hin, bevor du springst, aber sei bereit, zu springen, wenn du solltest."

Warum Sie versuchen sollten einen besseren Job zu bekommen:

Es hat keinen Sinn, ein totes Pferd zu prügeln. Wenn Ihr aktueller Job keine Aussicht auf gute Verdienste und gute Karrierechancen bietet, sollten Sie in Erwägung ziehen, zu gehen.

Tipp 28: Erhöhen Sie Ihre Vermögenswerte und reduzieren Sie Ihre Verbindlichkeiten

Vermögenswerte steigern den Wohlstand, Verbindlichkeiten schaffen Kanäle des Vermögensabflusses.

Wenn Sie wohlhabend sein wollen, müssen Sie in Vermögenswerte investieren und die Funktionalität der Verbindlichkeiten auf ein Minimum reduzieren. Vermögen gibt Ihnen Zugang zu Wohlstand, während Schulden Ihren Zugang einschränken.

Nichts könnte schmerzhafter sein als eine Maschine oder ein Geschäft, das viel Geld schluckt, aber sehr wenig abwirft.

Warum sollten Sie in Vermögenswerte investieren:

Es ist offensichtlich. Vermögenswerte helfen Ihnen, Vermögen zu halten und sogar das Geld fließen zu lassen, während Verbindlichkeiten genau das Gegenteil bewirken.

Tipp 29: Verwenden Sie Banken mit höheren Zinssätzen

Sie könnten auch mit Finanzinstituten bankieren, die bessere Zinssätze bieten. Denken Sie daran, im Reich des Reichtums zählt jeder Cent. Wenn Sie beabsichtigen, ein Startup-Unternehmen zu gründen, ist das Gegenteil der Fall, denn Ihr Ziel wird es sein, die Kosten zu senken und den Gewinn zu maximieren.

Versuchen Sie bei einem Start so viel wie möglich, Ihrer Aufgaben selbst zu übernehmen, insbesondere die teuren. Dies wird Ihnen helfen, Ihre Gelder zu behalten, um einen Betrag zu bedienen, der für die Finanzierung Ihres Geschäfts geliehen wurde.

Egal ob für das Tagesgeld oder für Kredite, suchen Sie die beste Bank dafür aus, mit den besten

Zinssätzen.

Warum sollten Sie Banken mit höheren Zinssätzen verwenden:

Höhere Zinsen bedeuten fast immer direkt weniger Geld zur Verfügung zu haben. Egal wie wenig es ist, kann es im Laufe der Zeit einen Unterschied machen.

Tipp 30: Verschwendung von Ressourcen vermeiden

Wohlhabende Menschen verschwenden keine Ressourcen. Sie sehen alles als nützlich an. Wenn Sie reich werden wollen, müssen Sie in der Lage sein, Verschwendung zu vermeiden.

Warum sollten Sie Ressourcenverschwendung vermeiden:

Jeder kleine Cent zählt! Deshalb werden wohlhabende Menschen wohlhabender. Sie achten auf Details.

Schlusswort

Zusammenfassend ist es offensichtlich, dass es Dinge gibt, die wohlhabende Menschen tun, die Sie wahrscheinlich nicht getan haben. Eines dieser Dinge, die ich absichtlich nicht erwähnt habe, Sie es aber gerade machen, ist "lesen". Sie können nicht wohlhabend sein, wenn Sie es versäumen zu lesen. Sie müssen zumindest lesen, um zu wissen, was in der Branche, in der Sie arbeiten oder arbeiten möchten, abläuft.

Das Werkzeug, das Sie brauchen, wurde Ihnen gegeben. Sie kennen jetzt den Weg des Reichtums. Es ist Zeit, ein Problem zu finden und eine Lösung anzubieten. Ein wohlhabender Mann ist ein Lösungsanbieter. Denken Sie immer daran. Versuchen Sie so viele Tipps wie möglich in die

Tat umzusetzen. Selbst wenn es Ihnen schwerfällt, alte Gewohnheiten zu ändern.

Machen Sie doch beim nächsten Monatsanfang oder Gehaltseingang einen Deal.

Entweder mit sich selbst oder Ihrem Partner. Einen Monat lang bewusst möglichst viele Spartipps anwenden und sofort das gesparte Geld zur Seite legen. Also wenn Sie beispielsweise jeden Donnerstag zum Italiener gegangen sind für ca. 20 €, dann nehmen Sie, sobald es Donnerstag ist, die 20 € und legen Sie beiseite. Wenn Sie kein Geld im Geldbeutel haben, dann gehen Sie zur Bank heben das Geld ab und legen es dann bei Seite. Nur so können Sie am Ende des Monats Ihren Erfolg sehen und in den Händen halten.

Sie werden überrascht sein wie viel Geld Sie plötzlich übrig haben am Ende des Monats.

Viel Erfolg und denken Sie ab jetzt wie die Reichen und werden selbst zu einem.

See you at the top!

Ich wünsche viel Erfolg!

Chris Reichel

Haftungsausschluss und Impressum

Der Inhalt dieses Buches wurde mit sehr großer Sorgfalt erstellt und geprüft. Für die Richtigkeit, Vollständigkeit und Aktualität des geschriebenen kann jedoch keine Garantie gewährleistet werden.

Sowie auch nicht für Erfolg oder Misserfolg bei der Anwendung des gelesenen.
Der Inhalt des Buches spiegelt die persönliche Meinung und Erfahrung des Autors wider.
Der Inhalt sollte so ausgelegt werden, dass er dem Unterhaltungszweck dient.
Er sollte nicht mit medizinischer Hilfe verwechselt werden.

Juristische Verantwortung oder Haftung für kontraproduktive Ausführung oder falsches Interpretieren von Text und Inhalt wird nicht übernommen.

Impressum
Autor: Chris Reichel
Vertreten durch:
Markus Kober
Kreuzerwasenstraße 1
71088 Holzgerlingen
markus.kkober@gmail.com

Alle Bilder und Texte dieses Buchs sind urheberrechtlich geschützt. Ohne explizite Erlaubnis des Herausgebers, Urhebers und Rechteinhabers sind die Rechte vor Vervielfältigung und Nutzung dritter geschützt.

www.ingramcontent.com/pod-product-compliance
Lightning Source LLC
Chambersburg PA
CBHW020441220526
45464CB00002B/802